U0131457

དཔལ་ལྡན་ལྷ་མོ།

吉祥天母占卜法

最神準的密宗占卜

དཔལ་ལྡན་ལྷ་མོ།

吉祥天母占卜法
最神準的密宗占卜
目錄

前言 010

吉祥天母占卜

西藏密宗在占卜前的準備 017

吉祥天母修行儀軌 018

簡易版吉祥天母占卜步驟 020

占卜的注意事項 022

卦象解析及改善法

沙丘 025

暗月 031

如意寶樹 037

斷崖 043

六牙白象 049

黃金寶藏 055
牟尼寶珠 061
金剛宮殿 067
瑜珈士 073
天魔 079
勝利寶瓶 085
閃電 091
自然稻 097
露珠 103
轉輪聖王 109
五色雲彩 115
後記 122

前言

前言

坊間有許多占卜方法，最常見的是東方的《易經》以及西方的塔羅牌。《易經》從八卦衍生到六十四卦，本卦經過變爻，再將其過程加以解卦，是需要花費很長的時間去深入研究，半途就知難而退的人不在少數。

藏傳佛教在弘法利生等重大事情，會使用打卦的方式來觀察緣起，而各門派也有其特定的占卜方法。

吉祥天母的占卜是藏密中最神準的占卦法之一，占卜工具原本是用特殊的骰子，現改用簡單牌卡的方式呈現，讓有心學習的人，能夠在很短的時間內學會。凡是占卜過的人，均因它的神準占卦而嘖嘖稱奇。除了能夠在面臨迷惘、無助時的幫助和指引，也是藏密的修行法門。

這也是這套占卜法最為可貴之處，就是可以告訴你解決和轉運的方法，不會因為占卜出來的結果不理想，而產生失望感。只要依照書中解決的方法來做，定能為你排憂解難。

讀者可依自己本身的疑惑問題，藉由這套簡單又神準的占卜法求得解答，預知未來、轉禍為福，讓各位掌握勝利成功的契機！

簡易牌卡占卦

吉祥天母占卦，原本是只有密宗活佛、喇嘛才能學習到的占卜儀軌。這套占卜法用牌卡的方式呈現，可讓更多人知曉和學習運用。

在此要特別感謝密嚴山曲嘉仁波切，仁波切以其大公無私的胸襟、悲天憫人的慈悲心和無上的智慧，在多年前將此占卜法加以修改，不需要傳統複雜的宗教儀軌，就可以用來占卜。讓平凡的我們，得到如此偉大的善知識，並在多年後的今天，因緣聚合，印刷出版。希望能帶給有緣的朋友們，藉此機緣認識吉祥天母，修習佛法。

吉祥天母是歷代達賴喇嘛的重要護法之一，吉祥天母占卜法記錄了有關於人世間或是修行時的一切吉凶禍福。

如果讀者信仰其他的宗教，或是沒有任何宗教信仰，依然可以使用吉祥天母占卜法來占卜，因為吉祥天母是護佑三界眾生的保護神，所以無論是信仰哪一種宗教，在占卜時，你都可以觀想你所信仰宗教的護佑主，來護佑占卜。

吉祥天母的介紹

吉祥天母，藏名為班達拉姆，梵名瑪哈嘎哩。吉祥天母為佛教最殊勝的護法神。當釋迦牟尼佛於菩提迦耶，正進入禪定開悟時，所有邪魔均感到不安，於是傾盡全力來干擾，阻止佛陀成道。最終佛陀降服了群魔，也降服了瑪哈嘎哩。瑪哈嘎哩便立下了誓言，願護守佛陀的教法，祂成為藏密中最重要的女身護法神。吉祥天母的本質與般若佛母無二，為了利益一切有情，在法界示現忿怒表相。

吉祥天母不僅是護法尊，同時也是滿願尊，能圓滿眾生的善願。在西藏的很多寺院裡，都有其唐卡、壁畫或塑像供奉。

吉祥天母身青藍色，一面四臂三目，以遊戲坐姿側身跨坐黃騾之背，頭戴五骷冠，赤髮上沖，以新月與孔雀翎為髮飾，頸掛人首鍊，蛇飾為環釧作莊嚴，下著虎皮裙，腰繫紅棒。四臂所執之物，右為三叉戟與普巴杵，左為毒蛇與明鏡。二臂大黑天右持鉤刀，左托盈血嘎巴拉，現雙運大樂相，安住於蓮花月日輪座與般若烈焰之中。其四週有財寶天王、獅面護法、龍王等眷屬圍繞。

吉祥天母

吉祥天母占卜

吉祥天母占卜

早期大活佛在占卜時，使用的特殊骰子，上面是一點，底面是五點，普通一般骰子，則是上面一點，底面是六點。大活佛都要有讓骰子能夠自動翻面的加持力。翻動一個骰子是下品成就；翻動兩個是中品成就；翻動三個，就屬上品成就。

骰子可以同時使用三個骰子，擲出後三個骰子的總數，即是占卜出來的卦數。也可以使用一個骰子，分成三次擲出，計算出總合之數。

因此，吉祥天母的卦數是從三到十八，共有十六卦。

本書乃是用牌卡的方式，來取代早期大活佛所使用的特殊骰子。

現在介紹西藏密宗在占卦前的儀軌。

＊使用本書牌卡占卜，讀者可依「簡易版吉祥天母占卜步驟」（第20頁）來進行占卜。

西藏密宗在占卜前的準備

在壇城準備以下的法器和供品。

法像：在寂靜處，放置吉祥天母的法像。在法像前，用一個特殊的容器，放置黑青稞米，三個骰子放在碗內。

法器：使用金剛鈴、金剛杵作為法器。

八供供養。（八供是密宗獨特的供養方式，包含飲水、浴水、花、香、燈、塗油、食、樂。）

嘎巴啦：是一種特殊的供具，代表對吉祥天母的內供。

朵瑪：代表吉祥天母的身體。朵瑪通常是可以食用的，通常會把本尊的像放在朵瑪的最頂上的位置，再用紅、黃、藍三種顏色的布代表傘蓋，來替它裝飾。

吉祥天母占卜修行儀軌

讚頌文：

一憶念祂，便賜予我們成就的吉祥天母，祂是法界力量的依怙者，身旁有許多天女圍繞，非常尊貴的度母，也用一千個眼睛擁護著莊嚴的吉祥天母。

修行者坐在法像前的墊子，觀想自己成為吉祥天母。持誦吉祥天母咒，心不可散亂。

吉祥天母咒：

「救喇摩　救喇摩　救救喇摩　呑救卡拉喇慶母　喇母　阿加搭加呑救　魯路魯路吽救吽」

補闕真言：

嗡　耶達瑪　嘿都巴　巴哇　嘿敦　爹肯　達他噶多　哈哇達爹　爹肯乍右　尼洛大　耶旺　巴地　瑪哈夏瑪那　梭哈

金剛薩埵百字明：

嗡 邊札薩埵薩瑪雅 瑪奴巴拉雅 邊札薩埵爹奴巴 底他底多美巴哇 蘇埵卡喲美巴哇 蘇波卡喲美巴哇 阿奴啦埵美巴哇 薩哇悉底美札雅札 薩哇嘎瑪蘇札美 茲當悉里養咕嚕吽 哈哈哈哈吽 巴嘎萬 薩哇打他嘎他 邊札瑪美門札 班至巴哇 瑪哈薩瑪雅 薩埵阿

念誦祈請文：

「南無傳承祖師的加持力，佛陀的加持力，法的加持力，僧伽的加持力，本尊、空行母、護法的加持力，尤其是吉祥天母及眷屬的加持力，讓我在卜卦之時，能夠完整的了解所占卜的意義。」

占卦：

心中想著占卜的問題後，擲出骰子。

簡易版吉祥天母占卜步驟

本書所介紹的吉祥天母占卜法，是以牌卡方式呈現，因此可不需依照上述的儀軌。

1. 觀想：

觀想吉祥天母在虛空中，為占卜者進行占卜的加持，讓占卜可以成功運作，並讓占卜者知道，所要占卜的事情，能夠得到最佳的做法和得知吉凶禍福。

2. 持咒：

(1) 如果有心想要修「吉祥天母咒」，也是很好的。吉祥天母咒的咒音非常美妙，在唸頌時，要注意音律上的節奏。

(2) 唸誦「因緣咒」。世間的一切法，都是依因緣的生滅，而因緣法的生滅，不是執著在「有」，或是「無」，要明白那只是相的變化，需客觀地抽離，不要執著，它只是順著自己的因緣變化而已。

諸法因緣生，
諸法因緣滅，
是諸因緣法，
佛大沙門說。

3. 心裡想著要問的問題，一邊洗牌，跟隨直覺抽出一張牌卡。依照牌卡上的名稱，從下一個章節裡的分析解釋，找到問題的答案。

占卜的注意事項

- 最重要的是要以一顆虔誠、誠敬的心來占卦。

- 占卜的地點選在客廳乾淨的桌子或是書桌。

- 對於占卜結果，要平常心看待，並保持心境的平和，不要患得患失。

- 同樣的問題，不可在同一天中，重複占卦。

卦象解析及改善法

沙丘

骰子點數：3

吉　　凶：中平

卦　　詞：沙丘如幻人事局
如夢幻真勤修行
諸事總教費謀望
安住不動得太平

卦象涵義：

見貴有財，事業謀易，財意有得，占訟和吉，尋人進見，交易失難，朝覲原職。

「沙丘」占卜解析及改善法

1. 修持

做事不太實際且沒有認真，唸經時可能有漏掉經文的情況。

改善方法：

修懺悔法

2. 家運

對女生較不利。可能會面臨失戀、心情沮喪的事情。可能會有官司或被人嘲笑。

改善方法：

修金翅鳥咒，唸大白傘蓋咒以及獅面空行母回遮咒。

3. 宅運

剛居住時沒什麼問題，在此屋的人住久後，容易生病，家庭的財務也會出問題。

改善方法：

除了要開源節流之外，房子要打掃乾淨，最好是重新粉刷或裝潢。

4. 人事

表面上朋友很多，但很少有真心的朋友。

5. 財富

已經有的財富，若未流失則佳，但以後沒有太多賺大錢的機會。

改善方法：

修財寶天王法。

6. 謀望

願望很難達成。

改善方法：

(1) 修自已曾拜過的神或護法，唸地神或護法的咒來驅除障礙。

(2) 放天馬：到山上隨風放，至少放一疊。

(3) 唸度母咒。

7. 官司

若是被告，可與對方達成和解。

若是想告對方，最好是打消主意。

8. 疾病

病了很久或是突發性的疾病，會有危險，尤其是嚴重風寒感冒和精神病，會特別嚴重。屬虎和屬兔的人會有障礙。

改善方法：

(1) 唸「金光明經」。

(2) 唸「千佛洪名寶懺」。

(3) 買命（買下待宰殺的動物，自己養）。

(4) 放生。

9. 壽命

若修法及供養祭拜神明，則會得到神的護佑。

10. 魔祟

從東南西北，任何一方而來。有官災是非或小人陷害。

改善方法：

(1) 唸「華嚴經」

(2) 唸「金光明經」

(3) 供養地水火風四種朵瑪。

(4) 修四百供禳災法。

11. 醫藥

如果已由某一位醫生診療很久，則略有助益。但若有其他賢能者，則更換為佳。

12. 子息

有子息，但需修福慧，會更加圓滿。

改善方法：

(1) 唸「綠度母心咒」。

(2) 唸「不空罥索神變真言經」。

13. 仇怨

敵人凶悍之象，自己的武器被搶走。

改善方法：

(1) 放天馬

(2) 煙供

14. 客戶

馬上有客戶的消息。在遠方的客戶，半個月內會到達，若半個月內沒來，有障礙、遲緩、懊悔之象。

改善方法：

修十方除暗經。

15. 生意

賺錢希望渺小，最好是放棄。

16. 旅遊

途中會遺失物品。若還未前往，則應待七天後，再行前往目的地。

改善方法：

(1) 唸「聖妙吉祥真實名經」

(2) 修金光明法

17. 失物

不認識的人偷走，若往南方及東方去找，則有可能會找到。

暗月

骰子點數： 4

吉　　凶： 凶

卦　　詞： 此之卦數不為高
求財辛勞無半毫
早出晚歸空費力
提防小人暗放刀

卦象涵義：

求謀不遂，出行不宜，尋人不見，走失急尋，六甲生女，求婚不成，行人未至，家運欠安，急訟不利，占病作福，占雨夜落，移徙不吉，考試不遂，見貴不利，求財折本。

「暗月」占卜解析及改善法

1. 修持

如初16之後的月亮，愈來愈小，每況愈下。

改善方法：

(1) 唸大藏經

(2) 要做息、增、懷誅四業火供

2. 家運

家人輪流生病，常吵架，有倒霉之事發生。

改善方法：

(1) 唸金剛經

(2) 唸具光明天女咒

(3) 拜土地公

3. 宅運

舊屋的宅運尚可。若要搬到新屋，要做供養。

改善方法：

需放三份朵瑪：上供諸佛菩薩，中獻十方護法，下施六道眾生及邪魔厲鬼。

4. 人事

如冬天之雷聲，毫無益處。

5. 財富

會遺失東西，借人的錢要不回來，並且有債務糾紛。

改善方法：

每天唸財神咒一千遍。

6. 謀望

小願望較容易達成。

若想要完成大的願望，較難達成。

改善方法：

須修度母和供養護法。

7. 官司

暫時有勝訟的徵兆，但時間拖久會有後悔、耗損之象。

改善方法：

唸大藏經、摩利支天菩薩經。

8. 疾病

病重，有心臟病、腫痛病症的徵兆。

改善方法：

(1) 心經

(2) 大白傘蓋咒

(3) 修長壽佛法

9. 壽命

容易有意外災害，嚴重者損及壽命。

改善方法：

(1) 放生。

(2) 供長壽佛像及尊勝佛母像。

10. 魔祟

魔鬼、風鬼、地神、家神不和，故會出問題。

改善方法：

(1) 唸大白傘蓋咒，次數愈多愈好

(2) 唸度母祈請文

(3) 煙供

(4) 浴佛

11. 醫藥

最好換醫生，新的醫生有希望痊癒。

12. 子息

生產機會很小，若有生育是生女兒。

13. 仇怨

雖然不去理會，但小人自己會來找麻煩。

改善方法：

(1) 唸「大白傘蓋佛母心咒」。

(2) 在深山放五色布（或放天馬）。

14. 客戶

三天後就會來，若三天後還無消息，則不會來了。

15. 生意

目前不會賺錢，最好先行取消。

16. 旅遊

沒有安全上的問題，但會有是非。

17. 失物

不必找，一個月後往北方尋找，則有希望。

若一個月內無消息，則無法尋獲。

如意寶樹

骰子點數：5

吉　　凶：吉

卦　　詞：烏雲除卻人團圓
吉祥花開朵朵鮮
求謀遂意有經營
天時富貴更榮華

卦象涵義：

求官大顯，出行通達，謀事得利，口舌無妨，占訟和吉，占病不妨，求財九分，行人即至，尋人自來，失走不遠，考試得意，六甲生男，婚姻成就，見貴進官，交易成就，家宅平安，謀望即成。

「如意寶樹」占卜解析及改善法

1. **修持**

黃金池裡找得到金子。現在及未來都很好，尤其是大官及大師父更好。但若是一般人，較會有障礙。

2. **家運**

人們長壽安樂。家人的財產權勢增加。

3. **宅運**

目前吉運，但幾年後，房子將會受到破壞，此時一定要搬家。

改善方法：

(1) 修魔利支天法

(2) 供養地神

4. **人事**

無論是泛泛之交或是知心好友，都能獲得好處，非常幸運。

5. 財富

財運很好，愈來愈發達。但仍有一些小障礙。

改善方法：

(1) 唸心經

(2) 唸財寶天母咒

6. 謀望

心想事成之象。若是重要的大事，剛開始有不明朗之虞，但終究是吉。若是小事，則很快就能成就。

7. 官司

起初以為會輸，但最後會贏。

8. 疾病

起初很嚴重，若能替他誦經迴向，則可消除其業力及病苦。

改善方法：

(1) 大白傘蓋咒

(2) 葉衣佛母咒

9. 壽命

如柱子般不易倒下，尤其是生肖屬羊的人非常好。

10. 魔崇

從北方有壞消息，此消息是由神來障礙的。

改善方法：

淨宅祈修。

11. 醫藥

遵照醫生的指示服藥，會有很大的幫助。

12. 子息

胎泉湧出之吉相。在母親身上配戴大隨求陀羅尼咒輪。

13. 仇怨

騎著馬奔馳草原滅敵，取得勝利之意。

14. 客戶

客戶能很快的來到。

15. 生意

現在所想的，就要立即去做，若拖延，則好處將減少。

16. 旅遊

從家裡出發時稍有阻礙，若已上路，則順利平安，但要小心東西遺失。

17. 失物

馬上去找，希望大，往南方找。若太慢去找，則無法尋獲，且可能會再遺失東西。

斷崖

骰子點數：6

吉　　凶：凶

卦　　詞：前途艱辛日做勞
謀事難成事艱險
若問此卦吉凶意
恐禍臨身事不圓

卦象涵義：

求謀不濟，出行破財，求財折本，尋人口舌，占訟求人，六甲生女，婚姻不成，走失小心，交易不成，家宅有災，行人未回，占病作福。

「斷崖」占卜解析及改善法

1. 修持

有病魔危害的障礙，父子不和，兄弟鬩牆的障礙。

改善方法：

(1) 供養佛像、經塔，修建毀損的舍利塔

(2) 唸金光明經、心經

(3) 修大威德金剛及大日如來法

2. 家運

吵架，夫妻離異。

改善方法：

(1) 祖先們所拜的神，皆應祭拜。

(2) 唸大白傘蓋咒

(3) 唸心經

(4) 唸獅面空行母回遮咒

(5) 修持息、增、懷、誅四業火供

3. 宅運

若是現在屋宅前尚可，但往後會有懊悔及身體病痛的發生。

4. 人事

如泡水般，一下就沒有了。

5. 財富

若早已有耗損的情況，則要忍耐承受。即使現在還沒有發生，也即將會有耗損的狀況發生。

改善方法：

(1) 修財寶天王

(2) 放天馬

6. 謀望

如羽毛被風吹走，無法捉摸。

7. 官司

有星星之火可以燎原之惡相。若是被告，要修法，若是原告，則應捨棄為上。

改善方法：

修大白傘蓋、度母咒。

8. 疾病

會有生命的危險，生病也會病很久，病中會有發燒、背痛、中風的現象。

改善方法：

唸金剛手菩薩咒

9. 壽命

若是病人，會有生命危險，尤其是屬雞、狗者。若是能熬三天未死，則可大力除障回遮。若無生病，則沒有危險。

改善方法：

(1) 參加長壽佛灌頂

(2) 修長壽法，誦長壽經

(3) 佩帶咒輪

(4) 修獅面空行母回遮法

(5) 朝聖（或到寺廟拜拜）

(6) 唸佛號、繞塔

10. 魔祟

護法不喜悅，從西方隨著僧團或重要貨物而來的魔王，帶來障礙。

改善方法：

(1) 修大威德金剛法

(2) 四百供禳災法

(3) 金光明經

11. 醫藥

吃的藥變成毒，長期仍有效，目前會有障礙。

改善方法：

放三份朵瑪

12. 子息

胎泉枯乾。若一直不斷廣修經懺、積聚福德，則可能會得一子。

13. 仇怨

敵人所給的麻煩，雖已平息，但又會有另一敵人出現，並帶來麻煩。

14. 客戶

客戶不想來。

15. 生意

付出黃金，卻回收泥土，賠錢之象。

16. 旅遊

出門非常困難，亦會有危險。

改善方法：

修大白傘蓋。

17. 失物

若是失物主人占卜，從西北方向尋找，較有希望。

六牙白象

骰子點數： 7

吉　　凶： 中上

卦　　詞： 白象過河截流行

諸事往來復求成

謀望總教意堅持

無災執取心安然

卦象涵義：

婚姻不成，謀事不成，出行謹慎，考試不利，求官有成，占病魔擾，尋人難見，走失破財，占訟和解，求財有利，行人戍至，六甲生女。

「六牙白象」占卜解析及改善法

1. 修持

對於修行者非常有利。

2. 家運

湧出快樂的泉水，是全家非常和樂之象。

3. 宅運

如冬天溫暖的陽光，吉祥福樂。要經常拜土地神。

4. 人事

原以為沒有幫助，實際上助力很大。

5. 財富

寶貝的東西塞滿了房子，要注意會有耗損。

改善方法：

修大白傘蓋咒

6. 謀望

任何事，只要輕鬆的笑著就可成功，連一點點努力都不用。

7. 官司

目前感覺沒有助力、心很累，但終究是吉。

8. 疾病

若患流行病，則會嚴重，尤其是屬龍、蛇的人，會有寒症、肝病。

改善方法：

(1) 誦般若經、華嚴經

(2) 火供一千次

9. 壽命

若沒有生病則吉，如果是病人，則會病得很嚴重。

改善方法：

(1) 長壽佛灌頂

(2) 買命、放生

(3) 廣修經懺

(4) 若是男生，改成女生裝扮，若是女生，則改為男生裝扮。

10. 魔崇

妖精、鬼母從東方來障礙。

改善方法：

(1) 誦金光明經

(2) 大白傘蓋咒

(3) 三份朵瑪

11. 醫藥

若繼續由原來的醫生醫治，病不會好，換新的醫生看診，復原機會大。

12. 子息

子息弱，需不斷的禮拜、祈求，否則很難有子。

改善方法：

(1) 誦不空罥索觀音心咒一千次。

(2) 度母咒十萬次。

13. 仇怨

不會有敵人。

14. 客戶

會立即開心的到來。

15. 生意

若是販賣金、銀等類的項目，生意會很好。如果是牛羊等有生命的動物，則賺不到錢，還會有小虧損。

16. 旅遊

一路平安快樂，但要求護法庇佑。

改善方法：

(1) 祈求護法

(2) 煙供

17. 失物

從東或北方慢慢的會有消息，可是還繼續會遺失東西。

黃金寶藏

骰子點數： 8

吉　　凶： 中上

卦　　詞： 寶藏黃金隱深山

猶需挖掘始現出

爾今深耕勉力行

努力向上自為高

卦象涵義：

求謀不濟，出行破財，求財折本，尋人口舌，占訟求人，六甲生女，婚姻不成，走失小心，交易不成，家宅有災，行人未回，占病作福。

「黃金寶藏」占卜解析及改善法

1. 修持

起初修行很困難，但最後會有成就。

2. 家運

不必太過擔心，穩定之象。但家庭若是有爭吵，則運勢會不好。

改善方法：

每月要修一次護法儀軌

3. 宅運

起初不穩定，過一段時間，就會穩定下來，如果買土地，要供地神，才不會產生問題。

4. 人事

有好運，但因動作太慢，故喪失機會。

5. 財富

財產有增加，目前生意有虧損，或有債務無法催討回來。

改善方法：

（1）唸財寶天王咒

（2）金光明經

6. 謀望

會有希望達成願望，但是現在有人阻止。因聽信他人之話，而無法成功，故應有自己的主見，繼續努力定會成功。

改善轉運方法：

唸「佛說無能勝旛王如來莊嚴陀羅」

7. 官司

不易判斷輸贏，很難分出勝負。

改善轉運方法：

(1) 大白傘蓋咒

(2) 金光明經

8. 疾病

病的嚴重，尤其是心臟病、車禍傷害，會更嚴重。

改善方法：

（1）吉祥天母咒

（2）供養地神

（3）配戴大白傘蓋咒輪

9. 壽命

堅固之象，但會有突發的障礙產生。

改善方法：

（1）參加「長壽佛」灌頂

（2）修「長壽佛」法

（3）供養白度母佛像

（4）修準提佛母法

10. 魔祟

護法不喜悅，受到護法懲罰。

改善方法：

（1）修護法

（2）拜地神

（3）房子灑淨

11. 醫藥

吃藥後雖無好轉感覺，但時間久了，漸漸會好。

改善方法：

（1）三部份多瑪

（2）藥師佛咒

12. 子息

會有子息。

改善方法：

唸「度母咒」（愈多遍愈好）。

13. 仇怨

若供養佛和護法，敵人不會來找麻煩。

14. 客戶

不會馬上來，但一段時間後，會有好消息。

15. 生意

做此生意賺錢太慢，若能繼續努力最後會賺到錢。

16. 旅遊

旅遊時，有後悔受到驚嚇之象。

改善方法：

煙供

17. 失物

很難尋獲，但從北或西方，往西北方找則有希望。

牟尼寶珠

骰子點數： 9

吉　　凶： 大吉

卦　　詞： 事半功倍喜臨門

桃李杏花舞春風

出入通達多吉慶

綿綿福事樂長年

卦象涵義：

求官壽豐，朝覲陞遷，考試有名，出行順風，占訟有理，六甲生男，婚姻合成，走失有信。

「牟尼寶珠」占卜解析及改善法

1. 修持

「三界」都由此人掌管。若遇到傲慢的朋友，可以不需畏懼。弘法圓滿，吉祥如意。

2. 家運

福報樹上，佛法的樹葉已長出來了，開出快樂的花。

3. 宅運

房子的氣運很好。搬家時，原來的地方會有小障礙，可能會遺失東西。

4. 人事

助力很大，可跟著助力隨之而來的是障礙。

改善方法：

（1）四百供禳災法

（2）獅面空行母回遮咒

5. 財富

圓滿、吉祥、財寶、如意。

6. 謀望

若是此願望很重要，則較難達成。

7. 官司

起初會輸，可是過一段時間後會贏。

改善方法：

修「大白傘蓋」

8. 疾病

生肖屬馬及羊者危險，若非此二生肖之人，可能會有心臟病，或精神上的疾病。

9. 壽命

生肖屬馬及羊的人危險，其他生肖之人，則無礙。

改善方法：

（1）長壽佛灌頂

（2）放生

10. 魔宗

因為挖地或搬動石頭，造成地神、龍神不喜悅。

改善方法：

供養地神、龍神，並煙供。

11. 醫藥

吃藥就會好。

12. 子息

拜自己的護法神，則想要孩子的願望會實現。

13. 仇怨

敵人怕自己，並會躲自己，最後會不理你。

14. 客戶

好朋友將會很高興，很快的來找。

15. 生意

物品賣得出去，並可賺錢。

16. 旅遊

平安、吉祥。

17. 失物

會找到，是附近不認識的人拿走。

金剛宮殿

骰子點數： 10

吉　　凶： 中上

卦　　詞： 金剛宮殿湧出生

建樹需從根基起

諸事出生依因緣

修身勵志圓世間

卦象涵義：

求官有變，出行吉利，占訟難分，占病魔擾，求財後有，尋人難遇，行人難至，六甲生女，婚姻宜和。

「金剛宮殿」占卜解析及改善法

1. 修持

大師父或住持，則過去、未來都很好。

若是大官，則此人修行沒有很好。

一般人占此卦，有口舌之爭。

改善方法：

（1）若做錯事須懺悔

（2）供養護法神

（3）四百供禳災法

2. 家運

家人會有爭吵。自己會因說錯話而後悔，故當他人吵架時，不可理會及參與。

改善方法：

唸金光明經

3. 宅運

房子起初不順利，最後家庭仍會財物圓滿。

若是舊屋，則應馬上搬家，因為此屋會讓主人生病。

4. 人事

本來會想來的朋友或客戶，改變主意而不來了。

5. 財富

創業初期不順利，會有人欠債不還，但慢慢的就會順利。

改善方法：

（1）拜北方多聞天王

（2）請「財神寶瓶」供於壇城。

（3）唸「心經」七遍。

6. 謀望

如果此願望愈大，眼光愈遠，則愈會成功。如果相反，則不會成功，即使努力亦白費功夫。

7. 官司

糾紛很複雜，故無法馬上分出勝負。

改善方法：

（1）獅面空行母回遮咒

（2）大白傘蓋咒

8. 疾病

若是屬猴者，病情較嚴重，但無生命危險，

會有心臟病、寒症。

改善方法：

（1）唸心經。

（2）做「叉叉」（用土捏成之小佛像）

（3）「金剛手菩薩」之灌頂

9. 壽命

身體強壯者，不會有危險。

改善方法：

（1）「長壽佛」灌頂

（2）唸「長壽佛」經

（3）唸「長壽佛」咒

10. 魔祟

自己周遭的人，會來找麻煩。

改善方法：

（1）放三部份朵瑪

（2）唸龍王經

（3）馬頭明王灌頂

（4）心經

11. 醫藥

此醫生雖有幫助，但效果不大。藥物需照醫生指示服用，針灸並無幫助。

12. 子息

本命有子，但因護法、天神不悅，受孕較難。

改善方法：

唸「度母祈請文」，一千遍

13. 仇怨

可能會有敵人，招來不滿之象。

改善方法：

獅面空行母回遮咒

14. 客戶

客戶心中想來，卻不會付諸行動。

15. 生意

要到遠地生意才做得起來，在家裡附近則賺不到錢。

16. 旅遊

出門後應小心，旅途非常辛苦。

改善方法：

聖妙吉祥真實名經

17. 失物

若丟失東西，不用去找。即使找到，還會再丟失。

瑜伽士

骰子點數： 11

吉　　凶： 大吉

卦　　詞：宜己廣修諸功德

財福自然圓俱足

圓俱佛法依次地

世出世間法共圓

卦象涵義：

求官可得，謀事和成，尋人得見，出行吉利，詞訟正和，行人及至，婚因成吉，求財有得，占病不妨，見貴得財，考試得意，移徙大吉。

「瑜伽士」占卜解析及改善法

1. 修持

如聽聞法螺聲般的悅耳。修行愈來愈進步。

2. 家運

福報的一棵樹上，長出許多珍寶的葉片，孫子的蓮花遍地盛開，子孫會愈來愈多。

改善轉運方法：

常要做「煙供」。

3. 宅運

搬進新房子時，應先做「煙供」。

4. 人事

自身的希望很大，眼光很高，「助力」雖有，但不如想像中大。

5. 財富

經濟發達，財物廣增。

6. 謀望

起初不順利，但最後仍會達成願望。

7. 官司

大事無法馬上判決，小事會勝訴，且贏得光榮。

8. 疾病

生肖屬馬、羊、龍、蛇者，病情較嚴重，若非此四個生肖的人，則可立即痊癒。

改善方法：

修「金剛手菩薩」法。

9. 壽命

壽命如銅牆鐵壁般的堅硬。

10. 魔祟

有地龍來找麻煩。

改善方法：

要以清淨的身、口、意，來禮拜地神。

11. 醫藥

所找的醫生會對其很好，照醫生指示服藥。

12. 子息

有子息的命。很快就能懷孕生子。

改善方法：

(1) 拜「度母」

(2) 常到寺廟拜拜，較易有子息。

13. 敵人

有佛菩薩庇祐，故無敵人。

14. 客戶

馬上會到。但會有一些流言、障礙等不好的消息。

15. 生意

生意好，利潤高。若有做生意的機會，不要拖延。

16. 旅遊

一路平安。

17. 失物

從東方找，馬上就找得到，可是找到後會有爭吵。

改善方法：

修大白傘蓋佛母

天魔

骰子點數： 12

吉　　凶： 凶

卦　　詞： 魔祟紛爭需預防

船行險處危不安

諸事不吉難遂願

謀望總教遇差池

卦象涵義：

求謀不遂，出行有災，求財不利，尋人不見，占訟破財，六甲不吉，婚姻有阻，走失不見，交易不成，家宅宜移，行人在路，占病防重。

「天魔」占卜解析及改善法

1. 修持

平時已不佳，現在則更退步，並且會破戒。

改善方法：

(1) 唸大藏經一千遍

(2) 供養一百個出家眾

(3) 燃一百盞燈

(4) 修「大威德」及「上樂金剛」

2. 家運

會吵架，有些人會突然生病，且家庭經濟受到很大的破壞。

改善轉運方法：

(1) 財寶天王咒

(2) 金光明經

(3) 心經

3. 宅運

目前的宅運尚可，但終究不吉。

改善方法：

若要買地，成交後，應於此地放三部份朵瑪。

4. 人事

目前是有爭執之象，但最後不會有問題。

5. 財富

財物有流失之象。

改善轉運方法：

(1) 修「摩利支天」法

(2) 修「黃財神」法

6. 謀望

如同追逐彩虹般，再努力還是白費功夫。

7. 官司

如同瘋子一般，有理說不清，故會輸。

改善轉運方法：

唸大白傘蓋咒

8. 疾病

一時之間，很難痊癒。若是生肖屬猴、雞者，會吃到有毒的食物，有頭暈、背痛、吐血、肝火上升的病症。

改善轉運方法：

(1) 火供

(2) 拜「三十五佛懺」

9. 壽命

病人有生命危險，最好是參加法會祈福。

改善方法：

(1)「長壽佛灌頂」一百次

(2) 修「長壽佛」法

(3) 放生

(4) 買命

(5) 改名（男改女名，女改男名）

(6) 舊物全丟掉，穿新衣服。

10. 魔崇

會跟隨自身之女親戚，來找麻煩。

改善方法：

(1) 每月修一次「護法儀軌」

(2) 金光明經

(3) 大白傘蓋回遮咒

11. 醫藥

吃藥沒有效，要換醫生，改藥方。

12. 子息

無法生子。若已有孕，生女不生男。

13. 仇怨

自己最最好的朋友或是夫妻之間，變成自己最壞的敵人，嚴重欺負自己。

改善方法：

佛說無能勝幡王如來莊嚴陀羅尼經

14. 客戶

有阻礙，不會來。

15. 生意

若生意是賣吃的東西，是可以的。如果不是賣吃的生意，是沒有利潤，如幻影般。

16. 旅遊

會遇到敵人及小偷，故不要馬上出門，若和人有約，最好不要去，否則另改時間。

17. 失物

自己家人偷的，或是附近的人偷走。

勝利寶瓶

骰子點數： 13

吉　　凶：吉

卦　　詞：寶瓶湧出珍寶財
諸事順遂意亨通
謀望心想皆成就
通達四海願無違

卦象涵義：

求官遂吉，出行遂吉，考試得中，佔訟和吉，占病不防，求財可成，尋人可見，行人快到，見貴得財，交易順利，婚姻和合。

「勝利寶瓶」占卜解析及改善法

1. 修持

吉祥天母的肚子裡，所有的護法都擠在一起，其他的神都繞著天母。行者的運氣很好，尤其是大官及大師父，他們的修行會很有成就。

若是一般人問修持，占得此卦者，不可為依據，應另行再占。

2. 家運

長壽、快樂，需要什麼，就有什麼。

3. 宅運

房子內，快樂的太陽已出來，吉祥的歌唱出來了，若是買地，此地無論種植什麼，都會很茂盛。

4. 人事

如同從深海裡挖到寶石，從很遠的地方，會找到好朋友。

5. 財富

人與財物皆圓滿，而且金、銀皆會有很多。

改善方法：

到山上做煙供

6. 謀望

想什麼就有什麼，沒有障礙，因為有護法幫忙，故不用擔心。

7. 官司

有被冤枉之象。

改善方法：

(1) 供護法

(2) 修摩利支天經

8. 疾病

如樹遇水，愈來愈茂盛，故身體會愈來愈健康。若有發燒等現象，馬上就會好，不必擔心。

9. 壽命

生命的寶瓶，繞著太陽及月亮，故無生命危險等問題。

10. 魔祟

有新神及舊神吵架的問題，由北方來。

改善方法：

煙供

11. 醫藥

馬上去看的醫生是最好的。

改善方法：

放「龍多瑪」於海、河、池塘等（因龜、蛟等皆為龍及海中之動物）

12. 子息

佛菩薩及護法皆幫忙，故心中所盼望的都會成功。

13. 仇怨

不會找麻煩，因為有天神的庇祐。

14. 客戶

馬上就會來，故要準備好所要賣的東西。

15. 生意

會賺得到大錢，故有什麼生意，決定好就去做。

16. 旅遊

一路平安。

17. 失物

從東北方，查得出來，但要趕快去找，太慢去找，就找不回來。

閃電

骰子點數：14

吉　　凶：中平

卦　　詞：　無端雲空閃電生

諸事皆如夢幻電

記取諸事幻化網

如露如電亦如夢

卦象涵義：

謀事易成，尋人可見，出行有財，官訟宜和，疾病得療，求財可得，口舌自散，家宅平安，脫貨得利。

「閃電」占卜解析及改善法

1. 修持

不見其功，但見其損，會如「天狗呑月」般，無法成就。

2. 家運

夫妻彼此皆不喜歡對方，家中常會遺失物品。

改善轉運方法：

(1) 大白傘蓋

(2) 度母

3. 宅運

現在住的房子，不會發達，但也不會出問題，目前不要買地，會有小障礙。

4. 人事

口頭上說說罷了，沒有太大幫助。

5. 財富

原來就有的，只能保持現狀。可是家中的福報及運氣都縮小。

改善方法：

(1) 拜「白財神」

(2) 供「白財神」寶瓶

(3) 唸「白財神寶瓶經」

(4) 拜其他財神

6. 謀望

小願望會成功，大願望會有人來障礙，故不會成功。

7. 官司

很慢才會判決，勝訴希望非常渺小。

8. 疾病

病很嚴重，吃藥吃很久，尤其是高血壓病、肩痛，此類病症會出現。

改善方法：

(1)「浴佛」

(2) 唸「般若心經」七遍

(3) 放三部份朵瑪

9. 壽命

普通，但要準備修習一切「長壽」的法門。

改善方法：

(1) 請一「白度母」佛像

(2) 唸「準提佛母」咒

10. 魔祟

從南方來的麻煩。若是對吉祥天母不尊敬，魔鬼會來找麻煩。

改善方法：

(1) 每天早晚要拜「吉祥天母」

(2) 修「金剛薩埵」

(3)「金剛手菩薩」灌頂

11. 醫藥

此醫生對病人無幫助，須馬上換，開刀比吃藥吃。

12. 子息

不容易懷孕，因為護法不喜悅。

改善方法：

(1) 到寺廟中禮佛

(2) 大禮拜

(3) 繞廟，請求諸佛菩薩及護法賜予滿願。

(4) 唸「綠度母經」十萬遍

(5) 唸「白度母經」十萬遍

13. 仇怨

敵人會來找麻煩。

改善方法：

放「五色布」、「天馬」

14. 客戶

可能不會來，即使來亦很慢。

15. 生意

就像金子與牛糞交換，不吉之象。

16. 旅遊

碰到小偷或遇到毒蛇猛獸，且會有災難和疲累。

17. 失物

朝西北的方向去找，但找到後，仍然會有糾紛。

自然稻

骰子點數： 15

吉　　凶： 大吉

卦　　詞： 凡事自然和合成

不用費心細張揚

喜慶臨門諸事遂

福財廣圓滿家宅

卦象涵義：

求官厚位，謀官可成，考試得甲，占病得安，求財十分，婚姻成就，交易得成，見貴大利，移徙興隆。

「自然稻」占卜解析及改善法

1. 修持

順利、不費力之象。如田中之稻苗，栽種好，只要下雨的雨水一灌溉，便可成長。

2. 家運

會有外人的口舌批評，但家中之運氣仍不錯，福分很高。

3. 宅運

如果找到新房子，要趕快搬去住，非常好。

改善方法：

(1) 若是舊屋要拜當地之土地公

(2) 煙供

4. 人事

會有很多客戶來，但切記不可太貪。

5. 財富

財物是一天一天累積儲存下來的，故吃住沒有問題，可以自給自足。

6. 謀望

如果是善事，很快就心想事成。

改善方法：

佛說吉祥經

7. 官司

最後會成功，而且很順利，但是剛開始時會有障礙。

8. 疾病

不會生病，若是有病，也會慢慢好轉。

改善方法：

(1) 三份朵瑪

(2) 煙供

9. 壽命

沒有生病的人，壽命堅固。

若是病患，則需放生。

改善方法：

(1) 若是病人要修「長壽佛」

(2) 若是病人受「長壽佛」之灌頂

(3) 放生。

10. 魔祟

有鬼及龍之問題。

改善方法：

心經

11. 醫藥

藥丸甘露圓滿，所以，看此醫生對此病有效，

雖會康復，但無法根治。

12. 子息

若拜護法神，可有子息。

13. 仇怨

敵人已經躲起來，故可以放心。

14. 客戶

客戶馬上就會到來，可是稍有一些不滿意的地方。

15. 生意

做生意很成功。。

16. 旅遊

一路順風，也不覺得疲累，想到那兒就到那兒。

17. 失物

往東北方向尋找，不會拖延許多時間，很快就會找到。

露珠

骰子點數： 16

吉　　凶： 凶

卦　　詞： 陽陷出生露珠散

凡是好比風中煙

造福行善應為先

分內之事方能為

卦象涵義：

求謀不遂，出行有災，求財不利，尋人不見，占訟破財，六甲不吉，婚姻有阻，走失不見，交易不成，家宅宜移，行人在路，占病防重。

「露珠」占卜解析及改善法

1. 修持

土地公、地神、龍不喜悅，所以人會生病。

改善方法：

(1) 唸「大藏經」

(2) 火供

(3) 家中壇城要開光

(4) 拜龍神、土地公

(5) 房屋要灑淨

(6) 要「供養寶瓶」

2. 家運

家人會互相爭吵。夫妻離異，感情不好。

改善方法：

(1) 唸心經

(2) 修大威德金剛

(3) 修度母

3. 宅運

剛搬進去時，無感覺，但過一段時間，許多雜七雜八的是非糾紛就會出現，最好是可以搬家。

4. 人事

有一點點助力，可是助力會變成破壞力，所以無用。

5. 財富

財物成空，或遺失。

改善方法：

(1) 唸大白傘蓋佛母咒

(2) 修財寶天王法

6. 謀望

心想皆願違。

改善方法：

修金剛手菩薩

7. 官司

若是原告者，最好是放棄訴訟，

若是被告，多持經咒。

改善方法：

(1) 唸「大白傘蓋咒」

(2) 唸「心經」

(3) 供養護法

8. 疾病

有生命危險，尤其是生肖屬雞、豬者。

改善方法：

(1) 大日如來法

(2) 金剛手菩薩

9. 壽命

冤親債主不斷來找。

(1)「白度母」、「長壽佛」、「尊勝佛母」

(2)「準提佛母」咒

(3)「長壽佛」灌頂

(4) 供養「長壽佛」

(5) 若是生病之人，放生、改名（男改女名，女改男名）、換裝（男換女裝，女換男裝）

10. 魔崇

遠行後跟隨而來找麻煩。

改善方法：

百餘朵瑪

11. 醫藥

不管看多少醫生，都沒有好轉。吃藥雖不會弄壞身體，但幫助很少。

12. 子息

生產子息的甘露已枯竭。無子息之命。

13. 仇怨

會有敵人，可是他們不會來找麻煩。

14. 客戶

若有客戶來，對於身心都有傷害，若是近客戶，馬上會來。遠客戶三天內會到。

15. 生意

附近的生意不錯。遠地生意賺不到錢，而且會遺失物品。

16. 旅遊

在路上會遇到小偷或搶劫，事情不順利，身心疲累。

改善方法：

(1) 煙供

(2) 拜護法神

17. 失物

從東北方去找，會找到。若找不到，其他地方也不用找，因為找不到。

轉輪聖王

骰子點數： 17

吉　　凶： 大吉

卦　　詞：轉輪聖王應世間

弭平紛爭太平世

福財安定人安樂

圓滿功果蔭家宅

卦象涵義：

身登祿仕，福至心靈，所求皆通，求官得位，出行大吉，占病痊癒，謀事大吉，家宅大吉，婚姻成就，交易和合，見貴遂心。

「轉輪聖王」占卜解析及改善法

1. 修行

大家都很高興的會成就，修行圓滿，修行的結果，亦會用得到。

改善方法：

唸「大藏經」

2. 家運

全家快樂，但背後會有人道是非。

改善方法：

唸大白傘蓋

3. 宅運

快樂的蓮花已經盛開，住在此屋，大家都會快樂開心。

4. 人事

不但是人幫忙，連神、天都幫忙。

5. 財富

財物如同大海，用之不竭，取之不盡。

6. 謀望

若是心動要馬上行動，拖延就不好。

7. 官司

會贏，從開始到結束都會順利。

8. 疾病

身體不好者，病痛馬上會離開。

改善方法：

唸金剛經

9. 壽命

四周有八吉祥圍繞保護著。

10. 魔崇

有龍神及土地公的障礙。

改善方法：

（1）放「龍朵瑪」

（2）土地公煙供

11. 醫藥

給醫生看病，病痛馬上好。按照醫生服藥，病就會好。

12. 子息

吉祥的一棵樹（母親）上，長出黃金的水果（孩子），會生很多孩子。

13. 仇怨

敵人的權力已被摧毀，所以沒有敵人。

14. 客戶

很快就會有好消息。

15. 生意

上天及護法幫助下，生意會賺錢。

16. 旅遊

若要去遠地，一路平安順風。

17. 失物

金子、銀子等此類物品，家中的人拿走了，故不用去找，馬上就會出現，否則永遠也找不到。

五色雲彩

骰子點數：18

吉　　凶：中上

卦　　詞：五色雲彩臨身照
諸般吉事降身護
但持己心需守正
可叫萬事吉祥臨

卦象涵義：

求官得位，謀事可成，口舌無妨，占訟吉和，占病可癒，尋人可見，走失自回，生意有益，求財得財，家宅平安，移徙吉利。

「五色雲彩」占卜解析及改善法

1. 修持

要祈請吉祥天母來護佑。修行時很困難，但最後仍會圓滿。

改善方法：

唸「大藏經」。

2. 家運

永遠快樂，可是仍會有小吵。

3. 宅運

有鬼、龍、地神的問題，若為馬、羊等動物類，會死掉。但對人不會造成問題，若是舊房子，要搬家，不要住。

4. 人事

能得到一點點好處。

5. 財富

財富漸空，反覆無常的現象。

改善方法

(1) 修財寶天王法

(2) 做龍神、地神的煙供

6. 謀望

當快要達成願望時，有很大的阻擾，障礙大，無法如願。

7. 官司

暫時無法獲勝，最終還是可以致勝。

8. 疾病

此病看似已好，但仍未完全好，故仍需持續服藥。容易有肝膽病、上吐下瀉，精神病。

（1）唸「大日如來」經

（2）唸「藥師佛」經

9. 壽命

唸「長壽佛咒」，可以趨吉避凶。

10. 魔崇

有鬼、龍，會產生不利於己的問題。

改善方法：

（1）般若心經七遍。

（2）施放百餘朵瑪。

11. 醫藥

心中所屬意的醫生不太好找，若找到，則對病情有利。

12. 子息

不易懷孕。

（1）拜求生產之神

（2）拜「度母」

（3）拜「藥師佛」

13. 仇怨

若沒有敵人之象，則無問題。

若有敵人之象，需修護法神。

14. 客戶

慢慢的會有。一定會來，但會很慢。

15. 生意

不虧不賺，白費功夫。

16. 旅遊

若是到附近的地方，會順利。

若是到遠的地方，會生病。

17. 失物

馬上找，可能會找到，找到後，可能會產生很大的糾紛。暫時找不到，往東北方尋會找到。

改善方法：

（1）唸「大白傘蓋」咒。

（2）供「護法神」，則可減免糾紛。

後記

後記

在您打開吉祥天母占卜書盒，取出牌卡時，請先依照自己的方式，做一個開卡的儀式，用恭敬虔誠的心，與牌卡做連結。

占卜卡最好都是自己個人使用，盡量不要讓他人碰觸。如果幫別人占卜，需要對方抽出牌卡，在占卜過後，需做淨化牌卡的動作，然後將牌卡放回絨布袋收好。

本書介紹吉祥天母占卜的16個卦，可以提供讀者一個吉凶禍福的參考。如果您想要詢問的問題範圍，並不在本書解析的17個項目之內，可以從占卜抽出牌卡的卦詞意義，來做分析與解答。

占卜時，若出現不是很理想的牌卦，可以參照改善的方法。

書中卦象解析的改善方法，是密宗常見的修行法門和經咒。如果讀者對提供改善的法門或經咒不熟悉，可以用自己熟悉的經咒來代替，例如：心經、大悲咒等。

佛法八萬四千種法門，不需要每個法門都明白，用自己熟悉且有信心的法門，就是最好的改善方法！

如果占卜的結果不佳，應知曉這是個人的福報業力的影響，需更勤於懺悔、祈禱、迴向，改過遷善，隨時注意身口意的清淨，定能轉禍為福。

這套占卜法，當讀者已熟悉各個卦的意義，可以加以運用在牌陣上，更能多方面深刻的剖析問題。

吉祥如意！

དཔལ་ལྡན་ལྷ་མོ།

國家圖書館出版品品預行編目資料

吉祥天母占卜法／吉祥天母 著.
二版. 新北市
成嘉文化　2019.12

ISBN 978-986-97604-3-0 (平裝)
1.密宗　2.占卜

226.91　108019390

吉祥天母占卜法
～最神準的密宗占卜

དཔལ་ལྡན་ལྷ་མོ།

作　者　吉祥天母

出　版　成嘉文化有限公司
電　話：(02)8241-9139
傳　真：(02)8241-9039
E - Mail：shining3193@gmail.com
網　址：www.141319.com.tw
235 新北市中和區郵政第1-154號信箱

總經銷　吳氏圖書股份有限公司
電話：(02)3234-0036
傳真：(02)3234-0037
235 新北市中和區中正路788-1號5樓

版　次　2019年12月　二版

定　價　800 元

國際書號　ISBN：978-986-97604-3-0